Clase Bíblica para Jóvenes y Adultos: Guía de Principiantes: Introducción a la Biblia

Clase Bíblica Dominical Para Jóvenes y Adultos

Sermones Bíblicos

Published by Guillermo Doris McBride, 2024.

While every precaution has been taken in the preparation of this book, the publisher assumes no responsibility for errors or omissions, or for damages resulting from the use of the information contained herein.

CLASE BÍBLICA PARA JÓVENES Y ADULTOS: GUÍA DE PRINCIPIANTES: INTRODUCCIÓN A LA BIBLIA

First edition. October 10, 2024.

Copyright © 2024 Sermones Bíblicos.

Written by Sermones Bíblicos.

Tabla de Contenido

Normas para la interpretación de las Escrituras | ¿Es la Biblia importante?..1

¿De qué manera es la Biblia un libro único?........................6

¿Cómo sabemos que la Biblia proviene de Dios?............8

¿Qué quiere usted decir con revelación? ¿Inspiración? ¿Iluminación? ¿Interpretación?.. 15

Revelación 16

Inspiración 18

Iluminación 21

Interpretación 25

Resumiendo... 27

Algunas indicaciones prácticas................................... 28

2. Leer la Biblia... 34

3. Estudia la Biblia 38

4. Medita en la Biblia 41

5. Lee lo que otros han escrito sobre la Biblia. 45

6. Obedece la Biblia.. 47

7. Comunícala a otros 50

<u>**2 Pedro 1:21**</u>. *Porque la profecía no vino en otro tiempo por voluntad humana, sino que los santos hombres de Dios hablaron movidos por el Espíritu Santo.*

De modo que a veces hablaban lo que ellos mismos no entendían; la profecía llevaba su propia clave dentro de sí misma, y la clave no podía encontrarse hasta que la profecía se cumpliera. Creo que las profecías del Apocalipsis y de los libros de Daniel y Ezequiel son en gran medida de este carácter, y que, aunque es muy correcto vigilar y esperar la venida del Señor, emplearemos nuestro tiempo de forma más provechosa en predicar las doctrinas del Evangelio que en meditar sobre las misteriosas profecías de la Palabra. Se comprenderán cuando se cumplan, pero no creemos que se comprendan plenamente antes de ese momento.

— Charles Spurgeon

Normas para la interpretación de las Escrituras

¿Es la Biblia importante?

La Biblia es, probablemente, los libros más injustamente tratado de cuántos libros se hayan escrito jamás. Ha sido atacado como ningún otro libro ha sido combatido. Con todo, ha sido de ayuda y lo es actualmente para millones de personas alrededor del mundo. Y éste ha sido el caso durante miles de años. Un libro de esta naturaleza, con un impacto tremendo en la raza humana merece, ciertamente, una consideración inteligente por parte de todos.

En su lecho de muerte, Sir Walter Scott le pidió a Lockart que le leyese algo. A medida que éste examinaba la estantería de libros que Sir Walter había escrito, le preguntó, perplejo, "¿Qué libro le leo?" Y Sir Walter le respondió, "¿Por qué me hace Ud. esa pregunta? No hay más que un libro; tráigame la Biblia". Solamente hay un Libro para cualquiera que se esté muriendo pero, al mismo tiempo, es el Libro para cualquiera que esté viviendo. Muchísimas personas no se interesan por la Biblia hasta que llegan al final de sus vidas, o hasta el momento en que confrontan grandes dificultades. Si bien resulta maravilloso disponer de un Libro en el cual encontramos consuelo en esos momentos, ese mismo Libro existe para que puedas vivir con plenitud el vigor de la vida. Es el Libro para que hoy hagas frente a la vida, y es el Libro que te proporciona la única ruta segura para transitar por este mundo y hacia el mundo del futuro. Es el único Libro que puede capacitarnos para confrontar las situaciones inesperadas, amortiguando los impactos con que nos sorprende la vida. La Biblia es, pues, diferente de cualquier otro libro.

Es evidente que este Libro ha influenciado a hombres importantes quienes, a su vez, han influenciado al mundo. Permitidme compartir con vosotros algunos ejemplos.

Un príncipe africano vino a Inglaterra y fue presentado a Su Majestad la Reina Victoria. El príncipe le formuló una pregunta muy significativa. "¿Cuál es el secreto de la grandeza de Inglaterra?" La reina tomó en sus manos un ejemplar de la Biblia bellamente encuadernado y se lo presentó al príncipe con estas palabras: "éste es el secreto de la grandeza de Inglaterra". Yo me pregunto, estimado amigo, si el declive de Inglaterra hacia una posición de segunda categoría y luego, a una nación de un tercer nivel, no estará relacionado con el hecho de que Inglaterra se ha apartado de la Palabra de Dios.

Gladstone, estadista y primer ministro y posiblemente una de las mentes jurídicas más brillantes que produjo Inglaterra, dijo: "¡hablemos de asuntos de actualidad! No hay más que una cuestión, y ésa es el Evangelio. Este puede y será capaz de corregir todas las cosas. Me complace decir que casi todos los hombres más encumbrados de Gran Bretaña son cristianos". Este era el caso allá por el año 1800. Y Gladstone continuó diciendo; "Yo he ocupado cargos públicos por 58 años; excepto en 11 de ellos, estuve en el Gabinete del Gobierno Británico y durante esos 47 años he estado relacionado con 60 de los genios de ese siglo. De esos 60, excepto 5 de ellos, todos los demás eran creyentes". Personalmente creo que una parte de los problemas que tenemos hoy en el mundo se debe a que tenemos muy pocos creyentes en posiciones de liderazgo, demasiado pocos que conocen la Palabra de Dios.

Michael Faraday, probablemente el más grande investigador científico dijo, allá por el año 1800. "Pero... ¿por qué se extraviará la gente, cuando tienen este libro bendecido de Dios para guiarles?" Sir Isaac Newton, científico de hace 2 siglos, dijo lo siguiente: "si la Biblia es cierta se acerca el momento en que los seres humanos viajarán a 80 Km por hora". En su respuesta, Voltaire, el escéptico francés le replicó, "Pobre Isaac. Estaba chocheando cuando pronunció esa profecía. Esto sólo demuestra lo que el estudio Bíblico puede producirle a una mente, que en otras circunstancias actuaría científicamente".

Sería interesante tomar nota de lo que algunos líderes mundiales han dicho sobre la Biblia. John Adams, segundo Presidente de Estados unidos. declaró: "He examinado todo (es decir, todas las Escrituras), así como también mi propio ámbito reducido, mis medios sencillos y lo que mi ajetreada vida me permite, y el resultado es la conclusión de que la Biblia es el mejor libro del mundo. Ella contiene más de mi pequeña filosofía que todas las bibliotecas que he visto, y esas partes de la Biblia que no puedo reconciliar con mi pequeña filosofía, las postergo para una investigación futura. Después, ese Presidente dijo: "Hablo como un hombre del mundo habla a otros hombres de este mundo; y os digo examinad las Escrituras. La Biblia es el libro que está por encima de todos los otros libros, para ser leído en todas las épocas y bajo todas las condiciones de la vida humana; no existe para ser leído completamente una o dos veces y luego ser dejado de lado, sino para ser leído cada día en pequeñas porciones". Y este mismo Presidente, en su tiempo, engrandeció a su nación, no llevándola a guerras con otros países y resolvió, además, los problemas de la calle. Alguien podría hoy replicar hoy diciendo, "Bueno... Los problemas no eran entonces tan complicados como lo son en la actualidad", Pero amigo, para aquellos días sí lo eran.

No solo Inglaterra sino también los Estados unidos. se han apartado de la Palabra de Dios. Y cuanto más se avanza en esa dirección, más se complican nuestros problemas. Precisamente ahora, hay en dichas naciones hombres y mujeres en posiciones de autoridad que están reconociendo que no existe una solución para los problemas. Esta es la razón por la cual estoy enseñando la Palabra de Dios en su totalidad. Creo que es la única solución. Y amigo mío, sinceramente, sería mejor que volviésemos a esa Palabra.

Thomas Jefferson, otro Presidente de Estados unidos. dijo sobre la Biblia: "Siempre he dicho, y siempre lo repetiré, que el estudio cuidadoso del Volumen Sagrado logrará mejores ciudadanos, mejores maridos y padres". Esto es algo para reflexionar hoy en día, cuando nuestros conciudadanos están destruyendo totalmente las ciudades en que viven, y en tiempos en que el divorcio se está haciendo cada vez más común.

Fue Daniel Webster quien hizo la siguiente declaración: "Si hubiera en mi estilo o pensamientos algo que mereciese elogio, el mérito se debería a mis buenos padres, por haber inculcado en mi mente un primer amor por las Escrituras". ¿Y qué diremos de ti, padre cristiano? ¿Estás formando a un Daniel Webster en tu hogar, o más bien a un pequeño rebelde? Webster también afirmó: "La he leído toda (la Biblia), muchas veces. Ahora he adoptado la costumbre de leerla completamente una vez al año. Es el Libro de los libros tanto para abogados como para teólogos. Tengo compasión de aquel que no pueda encontrar en sus páginas una provisión abundante de pensamiento y de reglas para la conducta.

Voy a citar ahora un párrafo de Henry van Dyke, titulado "El libro de los libros":

Nacida en el Este y vestida a la manera oriental y con sus metáforas, la Biblia recorre los caminos del mundo con pie seguro y familiaridad, entrando en país tras país para encontrar por todas partes su plena justificación. Ha aprendido a hablar en cientos de idiomas al corazón de los hombres. Entra al palacio para decirle al monarca que es un siervo del Altísimo, y a la casita de campo para asegurarle al campesino que es un hijo de Dios. Los niños escuchan sus historias maravillados y complacidos y los sabios meditan en ellas, considerándolas como parábolas de la vida. Tiene una palabra de paz para los momentos de peligro, una palabra de consuelo para el tiempo de las calamidades, y una palabra de luz para la hora de la oscuridad. Sus autorizadas palabras son repetidas en las reuniones y sus consejos susurrados en los oídos de los solitarios. Los malvados y orgullosos tiemblan ante sus advertencias, que para los heridos y penitentes resuenan como la voz de una madre. Los lugares desiertos y solitarios se convierten por esas palabras, en lugares alegres y el fuego en la chimenea ha iluminado la lectura de sus páginas bien gastadas. Se ha entretejido a sí misma en nuestros sueños más queridos; así que el amor, la amistad, la simpatía y la devoción, la memoria y la esperanza se visten con las maravillosas vestiduras de su entrañable lenguaje, exhalando un hálito de incienso y mirra.

¿De qué manera es la Biblia un libro único?

La Biblia es, de muchas maneras, un libro muy inusual. Por ejemplo, tiene una autoría doble. En otras palabras, Dios es el Autor de la Biblia y, en otro sentido, podemos decir que el hombre es el autor de la Biblia. Efectivamente, la Biblia fue escrita por unos 40 autores durante un período aproximado de 1500 años. Algunos de esos hombres nunca oyeron hablar de los otros y nunca hubo un acuerdo secreto entre los cuarenta autores. Dos o tres de ellos podrían haberse reunido, pero los demás nunca pudieron haberse conocido. Y, sin embargo, han presentado un Libro que se caracteriza por la más maravillosa continuidad de cualquier libro que jamás haya sido escrito. Además, está libre de errores. Cada autor expresó sus propios sentimientos, para su propia generación. Cada uno de ellos tenía sus limitaciones y cometió sus equivocaciones—el pobre anciano Moisés las cometió, pero cuando él estaba escribiendo el Pentateuco, de alguna u otra forma, no se introdujeron allí errores. Como puedes pues ver, es un Libro humano y, sin embargo, es un Libro de Dios.

Es un Libro muy humano, escrito por hombres de todas las ocupaciones profesionales; príncipes y mendigos, los muy intelectuales y los más sencillos. Por ejemplo, el Dr. Lucas escribe casi en griego clásico, en un período en que el griego popular (llamado koiné) era utilizado por el pueblo. ¡Su Griego es magnífico! Pero Simón Pedro, un pescador, escribió también en griego. El suyo no es tan elaborado, pero Dios el Espíritu Santo utilizó a ambos hombres. Les permitió expresar exactamente sus pensamientos, sus sentimientos, y sin embargo, por medio de ese método, el Espíritu de Dios fue capaz de ejercer su influencia de tal manera que Dios dijo exactamente lo que quería decir. En esto consiste la verdadera maravilla de este Libro, la Biblia.

Es un Libro de Dios. En la Biblia Dios pronuncia 2.500 veces la frase *"Dios dijo... así dice el Señor "*, etc. Dios ha dejado bien claro que Él está hablando por medio de este Libro. Es un libro que puede comunicarte y transmitirte vida. Puedes, incluso, convertirte en un hijo de Dios, engendrado "no por simiente corruptible sino por la incorruptible, por la Palabra de Dios que vive y permanece para siempre". Es la vía de comunicación de Dios para el hombre. Y si Dios hablase desde el cielo precisamente ahora, se repetiría a sí mismo porque ya ha dicho todo lo que quería decir a esta generación. Cuando el hombre fue a la luna, no descubrió nada que Dios no supiese ya cuando nos entregó la Biblia. Porque Él es el mismo Dios que creó este universo en el que hoy nos encontramos.

La Biblia es, pues, divina y humana. En cierta forma, es como el Señor Jesucristo, que caminó por esta tierra y se fatigó, sentándose junto a un pozo. Aunque Él era Dios, era también hombre. Habló con las personas aquí en el mundo, comunicándose con ellos. Este es un Libro que comunica. Habla hoy a la humanidad. La Biblia llega a los seres humanos, tal como ellos son y en la situación en que se encuentran...Creo oportuno citar al Obispo Pollock, cuando dijo:

La Biblia es como un corredor entre dos eternidades, por el cual camina El Cristo de Dios: el eco de sus pasos invisibles resuena a través del Antiguo Testamento, aunque nos encontramos con El cara a cara en la sala del trono del Nuevo: y es por medio de Cristo solamente, crucificado por mí, que yo he encontrado el perdón de los pecados y la vida eterna. El Antiguo Testamento se resume en la palabra "Cristo": el Nuevo Testamento se resume en la palabra "Jesús": y el resumen de toda la Biblia se halla en la frase *"Jesús es el Cristo"*.

¿Cómo sabemos que la Biblia proviene de Dios?

¿Cómo sabemos que la Biblia es la Palabra de Dios? Esta es una buena pregunta, que debe formularse, y ser respondida. Desarrollaré la respuesta en 5 puntos principales.

1. Preservación. Una de las pruebas objetivas, una de las pruebas externas, ha sido la preservación maravillosa de la Biblia. Hubo una vez un antiguo rey—leemos acerca de él en el Libro de Jeremías—quien, cuando la Palabra de Dios le fue enviada, tomó un cuchillo y la cortó en pedazos. Pero la Palabra fue escrita otra vez y así es que tenemos esa Palabra en la actualidad. A través de los siglos se han realizado muchas quemas de Biblias. Y hoy en día existe mucho antagonismo hacia la Biblia. En algunos países no está siendo quemada porque se piensa que somos demasiado civilizados para tal comportamiento. La manera en que tratamos de librarnos de ella es simplemente prohibiéndola en nuestras escuelas y en muchos otros lugares. (Sin embargo hablamos de la libertad religiosa y de la libertad de expresión).

A pesar de todos los ataques que se han dirigido contra la Biblia, ella todavía existe y, por supuesto, es uno de los éxitos de librería. Bueno, habría que aclarar que era un éxito de librería, porque ése no es hoy el caso. Lamento decirlo pero es la verdad, que revela la actitud hacia la Biblia de nuestra sociedad contemporánea. La Biblia no está realmente ocupando el lugar que una vez tuvo en la historia y en la vida de algunas naciones. Sin embargo, creo que la sorprendente preservación de la Palabra de Dios es digna de consideración.

2. La arqueología. Otra manera por la cual podemos saber que la Biblia es la Palabra de Dios es a través de la arqueología. La pala del arqueólogo ha desenterrado muchas cosas que han probado el origen divino de la Biblia. Por ejemplo, algunos negaron, por muchos años, la autoría de Moisés en

relación al Pentateuco, en base a que la escritura no existía en tiempo de Moisés.

Seguramente no habrás oído a nadie promover esa teoría recientemente, ¿no es cierto? Por supuesto que no. Por años la pala del arqueólogo ha desenterrado, una y otra vez, evidencias sobre la veracidad de la Biblia. En este sentido, la ciudad de Jericó y las murallas que cayeron constituyen un ejemplo. Ha habido un debate entre Kathleen Kenyon y John Garstang relacionado con ciertos aspectos concretos. Ha quedado bien establecido que las murallas cayeron, y podemos dejarles que discutan sobre la fecha y otras cosas por el estilo. La Palabra de Dios ha resultado comprobada en este caso y en muchas otras ocasiones la arqueología ha demostrado la exactitud de la Biblia. Muchos de los manuscritos que han sido descubiertos también han confirmado esa veracidad.

Es realmente interesante que cuando se encontraron los rollos de pergamino de Isaías entre los rollos del Mar Muerto, los liberales pensaron que se había presentado una oportunidad de descubrir argumentos para desacreditar la Biblia. Sin embargo, los rollos no han desacreditado a la Biblia, y parece que los liberales han perdido mucho interés en dichos rollos. Este es un campo en el cual puedes investigar, ya que no podemos extendernos más en este breve estudio.

3. Profecía cumplida. Si se me preguntase hoy si tengo una sola cosa para sugerir, que ofrezca una prueba concluyente de que la Biblia es la Palabra de Dios, ¿sabes que sugeriría? Yo sugeriría el cumplimiento de la profecía. La profecía cumplida es la prueba, por excelencia, que no puedes evadir, ni eludir. Y la Biblia está llena de profecías cumplidas.

Una cuarta parte de las Escrituras, cuando fue escrita, era considerada profética; es decir, que anunciaba eventos que iban a ocurrir en el futuro. Mucho de ello—en realidad, más de lo que la gente se imagina—ya se ha cumplido. Podríamos considerar muchos pasajes donde la profecía se ha cumplido con exactitud. Y encontramos muchas situaciones locales que, incluso, se cumplieron en tiempos de un determinado profeta. Por ejemplo, Miqueas fue el profeta que le había dicho a Acab que si iba a la batalla, tal como el rey había planeado, perdería la batalla y moriría en ella. Sin embargo, los falsos profetas de Acab le dijeron que alcanzaría la victoria y regresaría como un rey triunfante, Como al rey no le agradó lo que Miqueas le había advertido, ordenó que le encerraran y le alimentasen a pan y agua, porque al regresar ya se ocuparía de él. Pero Miqueas le respondió en el acto, diciéndole por última vez: "Si tu realmente regresas, querrá decir que el Señor no ha hablado por mí".

Bien, evidentemente el Señor había hablado por él profeta porque Acab no regresó, al morir en la batalla, al ser derrotado su ejército. Había llegado hasta el punto de disfrazarse para no correr ningún riesgo de perder su vida. Pero las Escrituras nos cuentan que un soldado enemigo tensó su arco a la ventura, cuando la batalla casi había concluido. Le quedaba solo una flecha en su aljaba, la colocó en el arco y disparó, sin realmente apuntar a nadie en particular. Yo diría que fue como si aquella flecha hubiera tenido escrito el nombre de Acab y finalmente le encontró. Fue directamente a su blanco. ¿Por qué? Porque Miqueas había pronunciado una profecía exacta (Ver 1 Reyes 22).

En otra ocasión, el profeta Isaías declaró que el ejército invasor de Asiria no dispararía ni una flecha en la ciudad de Jerusalén (ver 2 Reyes 19:32). Bueno, esto sí que es interesante. En el ejemplo anterior, la profecía de Miqueas se había cumplido porque un soldado disparó una flecha por casualidad, tensando su arco al azar. ¿No podrías considerar que entre 200.000 soldados, verdaderamente una gran multitud, quizás uno se apresuraría a disparar y, tensando también su arco a la ventura lanzaría una flecha volando sobre la muralla de Jerusalén? Bueno.

Pues en este segundo ejemplo, nadie hizo semejante cosa. Si el enemigo hubiera disparado tan solo una flecha hacia la ciudad, todos podrían haber estado seguros que Isaías no era el profeta de Dios. Pero sí lo era, como fue confirmado por el cumplimiento de su profecía en aquella ocasión. E Isaías también dijo que una virgen concebiría un niño, y esa declaración se produjo 700 años antes de que esto se cumpliese literalmente. Y además, si quieres una prueba final, hubo más de 300 profecías sobre la primera venida de Cristo, las cuales se cumplieron en su totalidad y literalmente. Cuando Jesucristo estaba colgado en la cruz y muriendo, había una profecía del Antiguo Testamento que aún no se había cumplido. Era la siguiente: *"me dieron vinagre para beber"* (Salmo 69:21). Jesús había dicho: *"Tengo sed"* y sus mismos enemigos fueron y cumplieron la profecía (ver Juan 19:28-30). Esto es algo sorprendente. Los hombres no pueden adivinar de esta manera. A veces resulta entretenido ver al hombre del tiempo en los telediarios. Durante el verano en algunos lugares como en el Sur de España, en las Islas Canarias o en Baleares, hace bien su trabajo.

¡Vaya uno a saber! En el pueblo de Israel, un profeta debía ser exacto y preciso. Si no lo era, podía ser condenado a muerte como falso profeta. Dios le dijo al pueblo que ellos serían capaces de distinguir entre un profeta verdadero y otro falso. Un verdadero profeta debía primeramente hablar para una situación local, como hizo Isaías. Cuando el tiempo indicado para el cumplimiento de tal profecía transcurría, ellos sabían si podrían confiar en él acerca del futuro, como sucedió en el caso de Isaías. Nosotros podemos mirar atrás y comprobar que éstas y otras profecías se cumplieron.

Además, entre los casos de profecías cumplidas con gran precisión se destaca, por ejemplo, el profeta Ezequiel. Este profeta predijo, por inspiración divina y con una anticipación de 2.500 años, que la ciudad de Tiro caería y que la ciudad de Sidón tendría una historia sangrienta. Y lo mismo ocurrió con predicciones sobre ciudades del antiguo Egipto, como Tebas y Menfis.

El profesor Peter Stoner, ha estudiado detalladamente 60 profecías Bíblicas sobre la persona de Jesucristo. Utilizando cálculos de la ciencia de la probabilidad en 8 de dichas profecías, ha llegado a la conclusión de que la probabilidad de que estas profecías se cumpliesen en una persona única, era infinitamente pequeña.

La Biblia es exacta y su veracidad se ha demostrado en un área de imposibilidad absoluta para los seres humanos, lo cual constituye para mí una prueba irrefutable de que es la Palabra de Dios. No hay ninguna opción humana que se le pueda comparar. He presentado, pues, algunos pocos ejemplos de profecía cumplida, ya que en la Palabra de Dios encontramos profecía tras profecía, y todas ellas se han cumplido, y cumplido literalmente. Y, dicho sea de paso, creo que ello indica el método por el cual la profecía que se refiere al futuro, aún se cumplirá.

4. Vidas transformadas. Ofrezco, finalmente, dos razones más como prueba de que la Biblia es la Palabra de Dios. Una de ellas se refiere a las vidas transformadas de los creyentes actuales. He podido ver lo que la Palabra de Dios puede hacer en las vidas de hombres y mujeres. En este momento estaba pensando en un hombre de Oakland, California, que escuchó nuestro Estudio Bíblico. Le conozco bien. No voy a entrar en detalles sobre su vida. Pero él tenía tantos problemas, complejos y tanto pecado en su vida como ningún hombre que yo haya conocido. A veces oigo de personas que solamente escuchan el mensaje del Evangelio una vez y se convierten a Cristo. Creo que esto es posible y resulta maravilloso. Pero este hombre, al escuchar el mensaje, semana tras semana, se fue mostrando cada vez más contrario, llegando incluso a enfadarse. Al final me dijo lo siguiente: "si hubiera podido acercarme a Ud. cuando estaba enseñando la Epístola a los Romanos y me dijo que yo era un pecador, le hubiera dado un buen golpe".

Francamente, pienso que de veras lo habría hecho. Es más alto y mucho más joven que yo, así que me alegro que no llegara hasta donde yo me encontraba. Al final, este hombre tuvo un encuentro con Cristo. Permitidme deciros que resulta sorprendente ver lo que Dios ha hecho en su vida. Una y otra vez, este testimonio podría multiplicarse. Jóvenes y ancianos han encontrado propósito en sus vidas, sintiéndose realizados. Hay matrimonios que se han restaurado, familias que se han vuelto a unir, personas que se han liberado del alcoholismo y la adicción a las drogas. Muchos, al venir a Cristo, han experimentado una transformación en sus vidas. Y permitidme también daros otra razón.

Cuando terminé mis estudios en el Seminario, yo era un predicador que se había especializado en el campo de la defensa del Evangelio, e intentaba defender la Biblia. En realidad, creo que cada mensaje que yo predicaba trataba sobre ese tema. Pensaba que si podía disponer de respuestas a las cuestiones que las personas planteaban para no creer en la Biblia, entonces creerían. Pero llegué a la conclusión de que lo peor que podía hacer era fustigar a alguien intelectualmente. Porque en el mismo momento en que adoptaba esa actitud, ganaba un enemigo y entonces nunca podría ganarle para el Señor. Así que abandoné el campo de la apologética y me introduje en otra área en la que me dedicaba a proclamar únicamente la Palabra de Dios tan sencillamente como me era posible. Solamente la Biblia puede convertir a un pecador en un santo.

5. El Espíritu de Dios la convirtió en una realidad. Otra razón por la que me he apartado del área de la apologética es que se ha producido una evolución en mi propia vida. He llegado a un punto en el que, no solo creo que la Biblia es la Palabra de Dios sino que también puedo afirmar que el Espíritu de Dios la ha convertido en una realidad en mi propio corazón y en mi propia vida. Y esto es lo que el apóstol Pablo les dijo a los Colosenses. El oró para que ellos fuesen "llenos del conocimiento de su voluntad en toda sabiduría e inteligencia espiritual". Y yo deseo lo mismo. Porque he llegado a la conclusión de que el Espíritu de Dios puede confirmar estas verdades a tu corazón y de que no necesitas a la arqueología ni a otras ciencias para probar que la Biblia es la Palabra de Dios.

Hace algún tiempo, un predicador joven me dijo lo siguiente: Dr. McGee, "¿no es una verdadera maravilla que ellos hayan descubierto esto?" y, a continuación mencionó un descubrimiento en particular. Yo le respondí: "Bueno, yo no veo nada como para entusiasmarse. El quedó muy decepcionado e incluso disgustado de que yo hubiese adoptado una actitud más bien indiferente. "¿Por qué, que quiere Ud. decir?, preguntó. "¿Es posible que eso no le haya impresionado?". Yo le repliqué de la siguiente manera. "Yo ya sabía que era la Palabra de Dios mucho antes de que la pala del arqueólogo hubiese sacado a la luz aquello". Me preguntó cómo lo sabía. Le dije: "El Espíritu de Dios la ha estado convirtiendo en una realidad a mi propio corazón". Creo que el Espíritu de Dios va a hacer que la Palabra de Dios sea una realidad no solamente para que la incorpores a tu vida, sino también para proporcionarte esa certeza que te permita afirmar con convicción: "Yo sé, que es la Palabra de Dios".

¿Qué quiere usted decir con revelación? ¿Inspiración? ¿Iluminación? ¿Interpretación?

Revelación significa que Dios ha hablado, y que Él se ha comunicado con el hombre. La Inspiración garantiza la revelación de Dios. La Iluminación tiene que ver con el Espíritu de Dios como maestro y tutor que la enseña. La Interpretación se refiere al significado que tú y yo damos a la Palabra de Dios.

La Revelación significa que Dios ha hablado. La frase *"Así dice el Señor"* y expresiones sinónimas aparecen 2.500 veces en el texto Bíblico. El Señor no quiso que dejásemos de entender que Él ha hablado. Observa el pasaje Bíblico de Hebreos 1:1,2

"Dios, habiendo hablado muchas veces y de muchas maneras en otro tiempo a los padres por los profetas, en estos postreros tiempos nos ha hablado por el Hijo, a quien constituyó heredero de todo, y por quien así mismo hizo el universo".

Dondequiera que encuentres 2 personas, dotadas de un nivel razonable de inteligencia, que abrigan los mismos sentimientos y deseos, y que en mayor o menor medida se atraen mutuamente, encontrarás que hay una comunicación entre ellas. Las personas de propensiones semejantes, separadas la una de la otra, se deleitan al ponerse en contacto entre ellas, alegrándose por poder comunicarse entre sí. Esta característica innata del corazón humano explica la existencia de medios como las oficinas de correos y el teléfono.

Los amigos se comunican con sus amigos. El marido que está lejos de su hogar, le escribe a su mujer. El niño que está como interno en una escuela, escribe a sus padres. Y con frecuencia, la carta de una chica llega a manos de un chico, que a su vez se deleitará en contestarla. Todo esto se llama comunicación. Constituye la expresión del corazón. Las Sagradas Escrituras lo expresan breve pero elocuentemente en el libro de los Salmos.

Dice el poeta: "un abismo llama a otro". En este momento recuerdo la historia de Helen Keller, y la emoción que me produjo leer el relato de la vida de esta mujer, prácticamente excluida del mundo por enfermedades como la ceguera y la sordera, sin poder comunicarse con sus semejantes hasta que surgió una manera de ponerse en contacto con la gente, una forma de comunicarse, probablemente mejor que lo hacemos muchos de nosotros, que podemos ver y oír.

Ahora, y en base a todo esto, me gustaría hacerte una pregunta que creo es razonable e inteligente. ¿Acaso no resulta razonable concluir que Dios se ha comunicado con sus criaturas, a quienes Él ha dotado de un cierto nivel de inteligencia, y a quienes ha creado a su semejanza? Permíteme decirte lo siguiente. Si no hubiésemos tenido una revelación de Dios, creo que en este mismo instante tú y yo podríamos disponernos a esperar y El, efectivamente, nos hablaría. Ciertamente, podríamos contar con que Dios hablaría con nosotros.

Seguramente observarás que el escritor de la epístola a los Hebreos dice que, en el Antiguo Testamento Dios habló por medio de los profetas y que en estos tiempos nos ha hablado por medio de Jesucristo. Tanto la revelación de los profetas en el Antiguo Testamento como la revelación de Cristo en el Nuevo Testamento son, por supuesto, la Palabra de Dios. Y ésta es la única forma en que podemos enterarnos de la acción comunicativa de Dios. La Biblia consta de 66 libros, por medio de los cuales Él nos ha hablado.

Dice de la Biblia un autor desconocido:

"Este libro contiene la mente de Dios, el estado del hombre, el camino para la salvación, la perdición de los pecadores y la felicidad de los creyentes. Sus doctrinas son santas, sus preceptos son vinculantes, sus historias son veraces, y sus decisiones son inmutables. Léelas para ser sabio, créelas para ser salvo y practícalas para ser santo. Contiene luz para orientarte, alimento para sostenerte y consuelo para animarte. Es el mapa del viajero, el bastón del peregrino, la brújula del piloto, la espada del soldado y el carácter del cristiano. Aquí, el paraíso es restaurado y las puertas del infierno, puestas en evidencia. Cristo es su sublime propósito, nuestro bien es su intención y la gloria de Dios, su finalidad. Debería llenar la memoria, regir el corazón y guiar los pies. Léela lentamente, frecuentemente y en una actitud de oración. Te ha sido dado para esta vida, será abierto en el juicio y será recordado siempre. Implica la más alta responsabilidad, recompensará la tarea más ardua y condenará a los que tratan con poca seriedad su sagrado contenido".

Inspiración

Esto nos conduce al segundo gran tema, que es la inspiración. Yo personalmente creo en lo que se conoce por inspiración verbal y plenaria de las Escrituras, y que significa que la Biblia es una declaración autorizada y que todas sus palabras constituyen la Palabra de Dios para nosotros, en el día en que vivimos. La inspiración garantiza la revelación de Dios. Y eso es exactamente lo que este Libro dice. Dos hombres: Pablo, escribiendo su última epístola a Timoteo y Pedro, escribiendo su última epístola, tuvieron algo considerablemente definido que decir sobre la Biblia;

"Toda la Escritura es inspirada por Dios, y útil para enseñar, para redargüir, para corregir, para instruir en justicia, a fin de que el hombre de Dios sea perfecto, enteramente preparado para toda buena obra". (2 Timoteo 3:16,17)

Observa que toda la Escritura es dada por inspiración. La palabra inspirada significa espirada por Dios. Él dijo por medio de estos hombres, tal como lo hizo aquí a través de Pablo, exactamente lo que Él quiso decir. Él no ha tenido que añadir nada más. Pedro lo expresa de esta manera:

"Porque nunca la profecía fue traída por voluntad humana, sino que los santos hombres de Dios hablaron siendo inspirados por el Espíritu Santo". (2 Pedro 1:21)

Es muy importante considerar que estos hombres fueron movidos, impulsados, como si hubieran sido llevados, por el Espíritu Santo de Dios. Dijo el Obispo Westcott: "Los pensamientos están unidos a las palabras tan necesariamente como el alma está unida al cuerpo".

Hay una curiosa historia de una chica que había tomado lecciones de canto con un maestro muy famoso. El maestro estaba presente en el recital de su alumna y, una vez que éste finalizó, estaba lógicamente ansiosa por conocer su reacción. Como él no fue a los camarines para felicitarla, ella le preguntó a un amigo: "¿Qué dijo?" Su leal amigo le respondió: "Dijo que cantaste de forma celestial "

Ella no podía creer que su maestro hubiese dicho esto, así que trató de indagar más. ¿Es eso exactamente lo que dijo?, "Bueno ...No, pero eso es lo que quiso decir" La chica insistió; "Dime las palabras exactas que él utilizó" Bueno, las palabras exactas fueron; "¡Aquel sonido no era terrestre!" Es evidente que hay una diferencia entre un ruido no terrestre y un sonido celestial. Las palabras exactas son importantes.

Créeme, son las palabras de la Escritura las que están inspiradas—no solo los pensamientos, sino también las palabras. Por ejemplo, en el relato en que los Evangelistas Mateo, Marcos y Lucas nos cuentan como tentó Satanás a Cristo en el desierto, Satanás no estaba hablando por inspiración divina cuando mentía. Pero la Biblia registra, o deja constancia, de que él dijo una mentira. Por eso decimos que son las palabras, que nos transmiten fielmente lo que ocurrió, las que están inspiradas. Y el episodio de aquella tentación culmina con las palabras del Señor Jesús que dijo, *"escrito está",* citando la Palabra de Dios en el Antiguo Testamento. Es así como los hombres que escribieron las Escrituras declararon lo que Dios tenía que decir. En el libro del Éxodo, capítulo 20 y versículo 1, Moisés escribió: *"Y habló Dios todas estas palabras, diciendo "Fue Dios el que pronunció las palabras, y Moisés escribió lo que Él dijo.*

En el transcurso del tiempo se han descubierto muchos y muy excelentes manuscritos de las Escrituras. Hablando de los manuscritos de Gran Bretaña, Sir George Kenyon, el ya fallecido director y principal bibliotecario del Museo Británico hizo la siguiente declaración: *"Gracias a estos manuscritos, cualquier lector de la Biblia puede sentirse tranquilo en cuanto a la completa veracidad del texto".* Aparte de unas pocas alteraciones verbales de poca importancia, normales en libros transcriptos a mano, podemos sentirnos confiados de que el Nuevo Testamento ha sido transmitido de tal manera que ha llegado hasta nosotros intacto. Podemos estar seguros de que hoy tenemos un texto tan cercano a los autógrafos (es decir, a los escritos originales) como pudo ser posible. Y yo creo en la inspiración verbal y completa de los escritos originales.

Allá por el siglo segundo Ireneo, que fue uno de los llamados padres de la iglesia, escribió lo siguiente: "Las Escrituras son verdaderamente perfectas, puesto que han llegado a existir por la Palabra de Dios y por su Espíritu". Agustín, que vivió en el siglo quinto, afirmó: "Por lo tanto, sometámonos e inclinémonos ante la autoridad de las Sagradas Escrituras, las cuales no pueden equivocarse ni engañar".

Y el famoso predicador Spurgeon comentó: *"Nunca podría yo tener dudas sobre la doctrina de la inspiración verbal y plenaria; ya que veo constantemente, en la experiencia real, como las palabras mismas que Dios se complació en utilizar—por ejemplo, un plural en vez de un singular en determinadas palabras—constituyen una bendición para las almas de las personas"*. En su Libro, Dios habla directamente a nuestros corazones, y a nuestras vidas.

Iluminación

La iluminación tiene que ver con el hecho de que tú y yo tenemos un Libro, un Libro divino y un Libro humano, escrito por hombres que estaban expresando sus pensamientos y, al mismo tiempo, estaban escribiendo la Palabra de Dios. Solamente el Espíritu de Dios puede comunicarnos y enseñarnos esa Palabra. Aunque podamos conocer los hechos y realidades de la Biblia por nosotros mismos, el Espíritu de Dios tendrá que abrir nuestras mentes y corazones para que seamos capaces de comprender la verdad espiritual que en ella se encuentra.

Pablo escribió lo siguiente a los creyentes de la ciudad de Corinto:

"Más hablamos sabiduría de Dios en misterio, la sabiduría oculta, la cual Dios predestinó antes de los siglos para nuestra gloria, la que ninguno de los príncipes de este siglo conoció; porque si la hubieran conocido, nunca habrían crucificado al Señor de gloria. Antes bien, como está escrito; Cosas que ojo no vio, ni oído oyó, ni han subido en corazón de hombre, son las que Dios ha preparado para los que le aman". (1 Corintios 2: 7-9)

Ahora bien, tú y yo adquirimos la mayor parte de lo que sabemos por medio de la puerta de entrada del ojo, por la entrada del oído o a través de la razón. Aquí, Pablo nos dice que hay ciertas cosas que el ojo no ha visto ni el oído escuchado, ciertas cosas que tú no puedes, en absoluto, asimilar en tu mente. ¿De qué manera, entonces, vas a comprenderlas?

Dice al respecto, el mismo escritor Bíblico:

"Pero Dios nos las reveló a nosotros por el Espíritu; porque el Espíritu todo lo escudriña, aún lo profundo de Dios" (1 Corintios 2:10).

Quizás recuerdes que el Señor les preguntó a sus discípulos: "¿Qué dicen los hombres de mí? Ellos respondieron que algunos decían una cosa y otros, otra. (Y hoy en día tú podrías obtener una respuesta diferente de casi cada persona a quien se te ocurriese preguntar. Existen muchos puntos de vista sobre Jesús). En aquella ocasión, les preguntó entonces a sus discípulos:

"Y vosotros, ¿quién decís que soy yo? Respondiendo Simón Pedro, dijo: Tú eres el Cristo, el hijo del Dios viviente. Entonces le respondió Jesús: Bienaventurado eres, Simón, hijo de Jonás, porque no te lo reveló carne ni sangre, sino mi Padre que está en los cielos". (Mateo 16:15-17).

Dios es Aquel que reveló la verdad a Simón Pedro. Y en la actualidad, solamente Dios puede revelarnos la Palabra de Dios para nosotros, para que realmente la comprendamos.

En el día de la resurrección del Señor Jesús, El descendía por el camino hacia la aldea de Emaús y se acercó a dos personas que también se dirigían hacia allí. Agregándose a la conversación, les preguntó:

"¿Qué pláticas son éstas que tenéis entre vosotros mientras camináis, por qué estáis tristes? Respondiendo uno de ellos, que se llamaba Cleofás, le dijo: ¿Eres tú el único forastero en Jerusalén que no has sabido las cosas que en ella han acontecido en estos días? Entonces él les dijo: ¿Qué cosas? Y ellos le dijeron: De Jesús nazareno, que fue varón profeta, poderoso en obra y en palabra delante de Dios y de todo el pueblo; y como le entregaron los principales sacerdotes nuestros gobernantes a sentencia de muerte, y le crucificaron" (Lucas 24:17-20).

Como seguramente recordarás, Jesús había predicho todo ello. Y resulta interesante observar que la profecía escrita lo había estado diciendo por años. Luego, aquellos viajeros expresaron la esperanza que habían tenido:

"Pero nosotros esperábamos que él era el que había de redimir a Israel; y ahora, además de todo esto, hoy es ya el tercer día que esto ha acontecido". (Lucas 24:21).

Y ellos continuaron contando lo que sabían y lo que las mujeres habían relatado cuando habían dicho: "Los que estaban con nosotros fueron al sepulcro...Pero a Él, no le vieron ". Las esperanzas de aquellos caminantes se habían esfumado y la oscuridad había penetrado en sus corazones. Ahora, escuchemos la reacción de Jesús:

"¡Oh insensatos, y tardos de corazón para creer todo lo que los profetas han dicho! ¿No era necesario que el Cristo padeciera estas cosas, y que entrara en

su gloria? Y comenzando desde Moisés, y siguiendo por todos los profetas, les declaraba en todas las Escrituras lo que de Él decían". (Lucas 24:25-27).

¿No hubiera sido maravilloso estar allí aquel día, y haberle escuchado citar el Antiguo Testamento, destacando las Escrituras que hablaban de Él? Después de que al llegar a la aldea, finalmente, se dio a conocer a sus compañeros de viaje, cuando estaban sentados a la mesa para cenar. Y cuando El desapareció de su vista, ellos comentaron:

";No ardía nuestro corazón en nosotros, mientras nos hablaba en el camino, y cuando nos abría las Escrituras?" (Lucas 24:32).

Como puedes ver, estamos estudiando un libro que es diferente a cualquier otro libro. No se trata de que yo solo crea en la inspiración de la Biblia. Creo, además, que es un libro cerrado para ti. Y digo cerrado, para enfatizar que su significado espiritual no te resultará comprensible a menos que el Espíritu de Dios abra tu corazón y lo haga real.

Después de aquel incidente y cuando Jesús regresó a Jerusalén, continuó enseñando a sus discípulos:

"Y les dijo: Estas son las palabras que os hablé, estando aún con vosotros: que era necesario que se cumpliese todo lo que está escrito de mí en la ley de Moisés, en los profetas y en los salmos". (Lucas 24:44).

Observa que El creyó que Moisés había escrito el Pentateuco. El creyó que los profetas habían hablado de Él y que los Salmos le señalaban. Y ahora llegamos a un versículo importante que dice:

"Entonces Él les abrió el entendimiento, para que entendiesen las Escrituras". (Lucas 24:45).

Así que, si El no abre o actúa sobre tu entendimiento, sencillamente, no vas a poder entender las Sagradas Escrituras. Este es el motivo por el cual debemos aproximarnos a este Libro con una mente humilde, aparte de cuan elevado sea nuestro cociente intelectual o la amplitud de nuestra cultura.

Refiriéndonos otra vez a la epístola a los Corintios, Pablo continúa afirmando:

"Por lo cual también hablamos, no con palabras enseñadas por sabiduría humana, sino con las que enseña el Espíritu, acomodando lo espiritual a lo espiritual. Pero el hombre natural no percibe las cosas que son del Espíritu de Dios, porque para él son locura, y no la puede entender, porque se han de discernir espiritualmente". (1 Corintios 2:13,14).

Nunca me sorprende que un no creyente diga que no cree que la Biblia sea la Palabra de Dios. Es normal que se exprese de esta manera. Después de todo, si él no es un creyente, no puede comprenderla. El escritor Mark Twain, que no era un creyente, dijo que a él no le perturbaba aquello que no comprendía de la Biblia. Lo que le preocupaba era lo que sí comprendía. Hay cosas que un no creyente puede entender, y son aquellas que hacen que muchos, como el citado escritor, rechacen la Palabra de Dios. Fue Pascal, quien dijo: "El conocimiento humano debe ser entendido para ser amado, pero el conocimiento Divino debe ser amado, para ser comprendido".

Al dejar el tema de la iluminación, permíteme agregar lo siguiente. Solo el Espíritu de Dios puede abrir tu mente y corazón para ver, y para aceptar a Cristo, y para confiar en El cómo tu Salvador. ¡Qué maravilloso! Siempre delante de un micrófono me siento ¡tan impotente! Porque, créeme, yo, como ser humano, no puede convertir a nadie. Sin embargo, no solo me siento débil. También me siento fuerte, sabiendo que el Espíritu de Dios puede tomar mis palabras carentes de vida, transformándolas en una viva realidad.

Interpretación

Se refiere a cómo interpretamos la Palabra de Dios. Este es el motivo por el cual hay varias denominaciones o movimientos cristianos como, por ejemplo, Metodistas, Bautistas, Hermanos, Pentecostales y otros. También hay maestros que enfatizan más algunos aspectos que otros de la revelación Bíblica. Y es así que todos tenemos nuestras propias interpretaciones. Y parece evidente que cuando hay desacuerdos fundamentales, alguien ha interpretado mal.

En el intento de interpretar la Biblia, deben seguirse algunas reglas que vamos a comentar a continuación.

1. El propósito general de la Biblia, debe considerarse en primer lugar. Y esa es la razón por la que yo enseño toda la Biblia. Porque creo que debes conocerla en su totalidad antes de llegar a una conclusión dogmática sobre un versículo de las Escrituras en particular. Es importante tener en cuenta a todos los versículos relacionados con un tema determinado.

2. A quién se refiere la Escritura. Por ejemplo, aquel pasaje Bíblico del libro de Josué, concretamente Josué 1:2, en que Dios le dijo a Josué, *"Ahora, pues, levántate y pasa este Jordán".* Cuando yo me encontraba en aquellas tierras crucé, efectivamente, el rio Jordán. Pero no lo hice para cumplir lo que dicen las Escrituras. No me dije, "bueno, al fin he obedecido al Señor, cruzando el Jordán" Siempre que leo ese versículo, comprendo que El Señor le está hablando a Josué, aunque sé que en esas palabras hay una gran lección para mí. No todas las Escrituras se dirigen a mí pero, por otra parte, todas las Escrituras, sí, son `para´ mí, Esta es, pues, una buena regla para recordar.

3. El contexto inmediato anterior y posterior a un pasaje de la Escritura, debe ser considerado. ¿De qué habla ese pasaje Bíblico? Y, ¿qué otros pasajes de las Escrituras tratan el mismo tema?

4. Descubrir lo que dice el original. Si tu no lees Hebreo o Griego, debes procurar conseguir una traducción que sea lo más fiel posible al texto original. Aquellos que llevaron a cabo las primeras traducciones en el idioma castellano, creían que la Biblia era la Palabra de Dios y trataron al texto con el máximo respeto, de acuerdo con esta creencia. Cuando alguien traduce, debe extraer del idioma original el significado normal de las palabras y colocarlo en el otro idioma en términos o palabras comparables o equivalentes (incluso idénticas, si fuese posible). Lo que más tratan de lograr algunos traductores actuales, es un lenguaje moderno. Pero al hacerlo así, no debe perderse lo que el idioma original está expresando. Por todo ello, lo realmente importante en una traducción de la Biblia, es si ésta reproduce fielmente las palabras exactas del texto original.

5. Interpretar la Biblia literalmente. El ya fallecido Dr. David Cooper lo expresó con indudable acierto cuando dijo: "Cuando el significado evidente de las Escrituras está de acuerdo con el sentido común, no busquéis ningún otro sentido. Por lo tanto, entended cada palabra de un pasaje determinado en su significado principal, normal, usual y literal, a menos que los datos del contexto inmediato, estudiados a la luz de otros pasajes relacionados y de verdades axiomáticas y fundamentales indiquen que dicho pasaje debe interpretarse de otra manera".

Resumiendo...

En el curso de este estudio hemos estado examinando algunos puntos importantes en relación con el texto Bíblico. Estos fueron: Revelación, Inspiración, Iluminación e Interpretación. En primer lugar hemos considerado la Revelación, porque Dios ha hablado, tomando así la iniciativa de comunicarse con nosotros. En segundo lugar, hemos pasado a exponer el tema de la Inspiración, que tiene que ver con el modo en que Dios ha hablado, y con la garantía que tenemos de que las Sagradas Escrituras constituyen lo que Dios realmente nos quiso decir y comunicar. En tercer lugar, hemos tratado el asunto de la Iluminación, que se refiere a cómo podemos tener una comprensión profunda y correcta de la Biblia. Para lo cual resulta esencial la intervención y ayuda del Espíritu de Dios. En cuarto y último lugar, hemos desarrollado el tema de la Interpretación: más concretamente. Las reglas a seguir cuando leemos y estudiamos la Biblia, para entender el significado del mensaje.

Algunas indicaciones prácticas

Vamos ahora a enumerar algunas normas prácticas, para que podemos hacer nuestra la experiencia del escritor del Salmo 119:18, cuando dice: *"Abre mis ojos, y miraré las maravillas de tu ley".* Te aseguro que si sigues estas instrucciones, recibirás bendiciones de Dios en tu corazón y en tu vida diaria.

Son necesarias para un estudio fructífero de las Escrituras. A modo de ejemplo, observo que hoy en día, incluso un frasco o una caja que contienen un medicamento, por muy sencillo o poco importante que sea, incluye un prospecto con instrucciones para su uso. Y hasta los aparatos más simples que puedes conseguir en una tienda de "Todo a cien", añaden indicaciones sobre su funcionamiento. Si así ocurre con cosas tan necesarias como comunes para nuestra vida cotidiana, ciertamente podemos entender que algo tan sumamente importante como la Palabra escrita de Dios requiera algunas pautas para su lectura y consideración. Quisiera mencionar siete recomendaciones básicas o pasos preliminares que podrán servirte como guía en el estudio de la Biblia.

1. Comienza con oración.

2. Lee la Biblia.

3. Estudia la Biblia.

4. Medita en la Biblia.

5. Lee lo que otros han escrito sobre la Biblia.

6. Obedece a la Biblia.

7. Comunícala a otros.

De tu propia experiencia o necesidad, seguramente podrías agregar otras sugerencias. Pero creo que éstas son las más importantes y básicas. Un escritor lo ha expresado en forma tan breve como convincente, cuando escribió. *"La Biblia ...Conócela con tu mente; introdúcela en tu corazón; muéstrala en tu vida; siémbrala en el mundo".* Esta es otra forma de resumir lo que a continuación vamos a presentar. La primera norma es:

1. Comienza con oración.

Tal como vimos al tratar el tema de la iluminación, la Biblia difiere de otros libros en que sólo el Espíritu Santo puede abrir nuestra mente para comprenderla. Tú puedes leer un libro sobre filosofía que, al haber sido escrito por un ser humano, puede ser comprendido por otro. Lo mismo sucede con una obra sobre matemáticas o de cualquier tema. No existe ningún libro escrito por una persona, que otra no pueda comprender o asimilar. Pero la Biblia, es diferente porque no puede ser entendida a menos que el Espíritu Santo sea el Instructor. Y Él quiere enseñarnos. La pura verdad es que el mismo Señor nos dijo: *"Él os guiará a toda la verdad" (Juan 16:13).* Cuando abrimos el Libro de Dios, necesitamos comenzar con aquella oración del salmista, que ya citamos al principio, como un lema, y como una aspiración.

"Abre mis ojos, y miraré las maravillas de tu ley" (Salmo 119:18).

Cuando el escritor se expresó de esta manera estaba pensando en el sistema revelado a Moisés. Pero nosotros podemos ampliar esta oración para que incluya a todos los libros de la Biblia. Es así que hoy podemos orar: "Abre mis ojos y contemplaré las maravillas de tu Palabra".

Cuando el apóstol Pablo estaba orando por los creyentes de la ciudad de Éfeso, no oró por la salud de ellos (aunque pueda haberlo hecho en otra oportunidad). Tampoco oró para que obtuviesen riquezas (y yo no sé si alguna vez oró en tal sentido). Pero la primera oración de Pablo por aquellos Efesios quedó registrada en una breve carta, en la que les escribió lo siguiente:

"Por esta causa también yo, habiendo oído de vuestra fe en el Señor Jesús, y de vuestro amor para con todos los santos, no ceso de dar gracias por vosotros, haciendo memoria de vosotros en mis oraciones". (Efesios 1:15,16).

Ahora bien, ¿cuál fue el motivo de la oración de Pablo? Él lo expresó así:

"Que el Dios de nuestro Señor Jesucristo, el Padre de gloria, os dé espíritu de sabiduría y de revelación en el conocimiento de él, alumbrando los ojos de vuestro entendimiento, para que sepáis cuál es la esperanza a que él os

ha llamado y cuáles las riquezas de la gloria de su herencia en los santos" (Efesios 1:17,18).

Como podéis ver, la oración de Pablo recalca el deseo de que ellos alcancen sabiduría y comprensión de la revelación del conocimiento de Jesucristo, es decir, que lleguen a conocer la Palabra de Dios. Y que los ojos de su entendimiento puedan ser iluminados, para que sean capaces de comprender, en alguna medida, la esperanza que implicaba el llamamiento que habían recibido de Cristo. Así que, ésta es la oración del apóstol. Y si alguien, alguna vez orase por mí, esto es exactamente lo que deseo que esa persona pidiese a Dios para mí. Que mis ojos, más concretamente mis ojos espirituales, puedan ser abiertos. Y a mí también me agradaría orar por vosotros de la misma manera. Creo que lo más importante en la hora actual, para ti y para mí, es conocer la voluntad de Dios. Y Su voluntad está expresada en la Palabra de Dios. Y no podemos conocer esa Palabra de Dios a menos que el Espíritu de Dios sea nuestro Maestro. Esto es, precisamente, lo que Pablo dice a los creyentes de la ciudad de Corinto en su primera carta a ellos:

"Y nosotros no hemos recibido el espíritu del mundo, sino el Espíritu que proviene de Dios, para que sepamos lo que Dios nos ha concedido, lo cual también hablamos, no con palabras enseñadas por sabiduría humana, sino con las que enseña el Espíritu, acomodando lo espiritual a lo espiritual". (1 Corintios 2:12-14).

El motivo por el cual, hoy en día, muchos no reciben nada de la Biblia es simplemente debido a que no están permitiendo que el Espíritu de Dios les enseñe. Por ello insisto en que la Palabra de Dios es diferente a cualquier otro libro, porque frente a ella, el ser humano normal, por su propia naturaleza, no puede recibir su verdadero mensaje. Para este ser humano, dicho mensaje resulta ser como una tontería, como algo sin sentido. Dios nos ha concedido el Espíritu Santo, para que podamos conocer esas verdades que Él nos entrega gratuitamente. Solo Él puede ser nuestro Maestro. Solamente Él puede tomar la Palabra de Dios y transformarla en palabra real y viva para nosotros.

Dios quiere comunicarse con nosotros por medio de Su Palabra escrita. Pero ésta es un Libro sobrenatural, y Él no se pondrá en comunicación con nosotros en el nivel natural por la sencilla razón de que sólo el Espíritu de Dios puede tomar las verdades de Cristo y revelárnoslas. Observa lo que dice este interesante versículo de las Escrituras:

"Porque ¿quién de los hombres sabe las cosas del hombre, sino el espíritu del hombre que está en él? Así tampoco nadie conoció las cosas de Dios, sino el Espíritu de Dios". (1 Corintios 2:11).

En una manera muy concisa y comprensible, estas palabras nos muestran el motivo por el que el Espíritu de Dios debe ser nuestro Maestro. Tú y yo, entre nosotros nos entendemos, pero no podemos comprender a Dios. Creo que es un perfecto disparate hablar de una barrera generacional que nos impida comunicarnos. Aunque siempre ha sido cierto que resulta difícil para una persona mayor y para un joven ver las cosas desde el mismo punto de vista, todos podemos comunicarnos unos con otros, porque somos seres humanos. Es posible entendernos. Pero, sinceramente, yo no entiendo a Dios a menos que Él se me revele. Por ejemplo; yo solía preguntarme cómo se sentiría El en un funeral. Bueno, entonces encuentro que él Señor Jesús estuvo en el entierro de su amigo Lázaro, y observo que El lloró. Esto me permite saber cómo siente Dios. Y sé cómo siente El con respecto a muchas cosas porque el Espíritu de Dios me las ha revelado por medio de la Palabra de Dios.

Cuando era pastor de una iglesia en Nashville, en el estado norteamericano de Tennessee, me levanté, en una luminosa mañana y miré por mi ventana. Durante la noche había caído una gran cantidad de nieve, cubriendo todo lo que fuese feo o imperfecto con un manto maravilloso. Me senté en mi despacho para contemplar mejor la escena, cuando vi que un anciano de mi iglesia, vecino mío, salió de su portal llevando dos cubos para carbón llenos de cenizas, con la intención de vaciarlos en el callejón. Le vi detenerse y mirar a todas partes y me sonreí, porque imaginaba como se sentía. Como yo mismo me había sentido al contemplar toda esa nieve que había caído durante la noche. Pero cuando él comenzó a descender por los escalones, resbaló. No queriendo que se desparramasen las cenizas, se aferró a los cubos y se dio un buen golpe contra uno de los escalones. Entonces observé que miró a su alrededor y cuando pudo comprobar que nadie le había visto, se levantó muy satisfecho y reanudó su marcha. Cuando se encontraba a mitad camino, por la acera, presenciamos una actuación repetida. Solo que esta vez llegó aún más lejos, cayendo a lo largo y ancho de la acera. Hasta me pareció que rebotó después del golpe. Esta vez, miró realmente con gran atención a su alrededor, no queriendo que nadie hubiese visto lo que le había sucedido. Comprendí lo que sentía porque yo habría sentido lo mismo. Así que se levantó y, después de mirar a todas partes, prosiguió, vació los cubos, y cuando llegó de regreso a la entrada de su casa, volvió a mirar a su alrededor. Pero esta vez, no creo que estuviese admirando la escena sino más bien asegurándose de que nadie le había visto caer. Yo me callé el asunto hasta el domingo por la mañana. Cuando llegué a la iglesia, me fui directamente hacia donde él estaba sentado, me incliné y le dije; "¡Por cierto que estuvo usted gracioso cuando estaba llevando las cenizas!" Me miró asombrado y dijo: "¿me vio usted?" Le respondí que sí. "Bueno", dijo, "Pensé que nadie me había visto". Le respondí, "Ya lo pensé yo. Imaginé exactamente cómo se sentiría Usted". Es así que en este incidente podemos ver que él tenía un espíritu humano, igual que yo, y fuimos capaces de entendernos el uno al otro. Pero, ¿quién puede entender a Dios? El Espíritu de Dios. Y ésa es la razón por la cual el Espíritu Santo nos enseña, comparando cosas espirituales con otras, también espirituales.

Puede ser que sepas que Renán, el escéptico francés, atacó a la Palabra de Dios. Sin embargo escribió una obra titulada "Vida de Cristo". El libro está dividido en dos partes: la primera es la sección histórica y la segunda, la interpretación de la vida de Cristo. Por lo que a la primera parte se refiere, probablemente nunca haya nadie escrito una exposición más brillante de la vida de Cristo. Pero su interpretación es verdaderamente absurda, Un niño estudiante de la Biblia lo hubiera hecho mejor. ¿Y cómo se explica esa incongruencia entre ambas partes? Bien. El Espíritu de Dios no te enseñará historia ni te facilitará el conocimiento de hechos que tú puedas descubrir por ti mismo y que una mente inteligente pueda desvelar. Pero la interpretación es un asunto completamente diferente. El Espíritu de Dios tiene que realizar la interpretación, y solo Él debe ser el Maestro para guiarnos y conducirnos a toda la verdad. Debemos tener el Espíritu de Dios para abrir nuestros ojos y ser así, capaces de ver.

Y se nos dice que tenemos que pedir Su ayuda. En el Evangelio según Juan, nos dice el Señor Jesús:

"Aún tengo muchas cosas que deciros, pero ahora no las podéis sobrellevar. Pero cuando venga el Espíritu de verdad, él os guiará a toda la verdad; porque no hablará por su propia cuenta, sino que hablará todo lo que oyere, y os hará saber las cosas que habrán de venir. El me glorificará; porque tomará de lo mío, y os lo hará saber. Todo lo que tiene el Padre es mío; por eso dije que tomará de lo mío, y os lo hará saber. Todavía un poco, y no me veréis; y de nuevo un poco, y me veréis. Porque yo voy al Padre". (Juan 16:12-16).

Así que el Señor Jesús está diciendo que tenemos que preguntar. Él tiene muchas cosas para nosotros y ha enviado al Espíritu Santo para que sea el Maestro. Otra vez dice, en el mismo libro y el capítulo 14:

"Mas el Consolador, el Espíritu Santo, a quién el Padre enviará en mi nombre, él os enseñará todas las cosas, y os recordará todo lo que yo os he dicho". (Juan 14:26).

Amigo mío. El Espíritu Santo es el Maestro, y Él debe ser el que nos conduce y guía a toda la verdad. Si alguna vez has aprendido algo a través nuestro de estudio Bíblico, no será porque este humilde predicador haya sido el maestro, sino porque el Espíritu de Dios está revelándote la Palabra de Dios.

Esta es, entonces, la primera norma. Comenzar con oración y pedir al Espíritu de Dios que sea tu Maestro.

Continuamos con la segunda norma:

2. Leer la Biblia

Esta segunda norma puede parecer excesivamente simplificada.

Hace algunos años, alguien le preguntó a un gran especialista en Shakespeare. ¿Cómo estudia Ud. a Shakespeare? Su respuesta fue muy concisa. "Lea Ud. a Shakespeare". De la misma manera, a mí me gustaría decirte; lee la Palabra de Dios. ¿Quieres saber lo que la Biblia tiene que decir? Lee la Biblia. Además de lo que cualquier maestro pueda enseñarte, es de suma importancia que leas, por ti mismo, lo que la Biblia tiene que decir.

El expositor Bíblico Dr. G. Campbell Morgan ha escrito algunos comentarios muy buenos y útiles sobre la Biblia. En efecto, es autor de una serie de libros, que yo recomiendo, sobre todos los libros de la Biblia. No conozco otros mejores y cuando comencé, como estudiante, tuvieron gran influencia en mi estudio de la Palabra. Se dijo de él que no empuñaría la pluma hasta que no hubiese leído completamente y hasta unas cincuenta veces un determinado libro de la Biblia. Así que no te canses de persistir en esto: simplemente, lee la Palabra de Dios. Y si algo no estuviese claro la primera vez, léelo por segunda vez. Y si ni aun así, pues continúa leyendo una tercera vez. Debemos procurar conocer las enseñanzas básicas de la Palabra de Dios.

El libro de Nehemías nos relata un incidente muy interesante:

"Y se juntó todo el pueblo como un solo hombre en la plaza que está delante de la Puerta de las Aguas, y dijeron a Esdras el escriba que trajese el libro de la ley de Moisés, la cual Jehová había dado a Israel. Y el sacerdote Esdras trajo la ley delante de la congregación, así de hombres como de mujeres y de todos los que podían entender, el primer día del mes séptimo. Y leyó en el libro delante de la plaza que está delante de la puerta de las Aguas, desde el alba hasta el mediodía, en presencia de hombres y mujeres y de todos los que podían entender; y los oídos de todo el pueblo estaban atentos al libro de la Ley". (Nehemías 8:1-3).

Este es un pasaje muy notable de la Escritura. Esta gente había vivido en la cautividad Babilónica durante setenta años; muchos de ellos nunca habían escuchado la Palabra de Dios, que en aquellos tiempos no se había difundido mucho. Por supuesto no había cientos de diferentes traducciones circulando por otras naciones ni nuevas ediciones impresas que apareciesen en cualquier momento. Probablemente solo habría una o dos copias disponibles y Esdras poseía una de ellas. Y él se puso en pie y leyó, ante la puerta de las Aguas.

"Y leían en el libro de la ley de Dios claramente, y ponían el sentido, de modo que entendiesen la lectura". (Nehemías 8:8).

Por la manera en que se desarrolla el relato, supongo que los hombres de la tribu de Leví estaban situados en zonas específicas, entre la gente. Después de leer Esdras un determinado pasaje, se detenía para dar a la gente que había escuchado la oportunidad de formular preguntas a los Levitas.

"Y los Levitas...hacían entender al pueblo la Ley: y el pueblo estaba atento en su lugar". (Nehemías 8:7).

No solamente leyeron la Palabra, pero procuraron que la gente la entendiese. Por ello insisto. Necesitamos leer la Biblia. Pero hay actualmente tantas cosas que nos distraen del estudio de la Palabra de Dios. Y una de las principales distracciones que tenemos, podría ser cierto tipo de iglesia. Aquella iglesia que esté tan elaboradamente estructurada, constituida por comités, esquemas de organización para actividades sociales (como por ejemplo, banquetes, diversas clases de entretenimientos) y otros proyectos de promoción hasta el punto en que los miembros de algunas iglesias no tienen una relación con la Palabra de Dios. Hay iglesias que incluso han suprimido completamente el servicio o reunión de predicación. En su lugar, han programado un tiempo en el que la gente pueda expresarse y decir lo que piensa. A veces he encontrado que las personas más ignorantes de la Biblia son, precisamente, miembros de iglesias que sencillamente no conocen la Palabra de Dios, habiendo transcurrido años desde que esa Palabra dejó de enseñarse. Necesitamos leer la Biblia. Necesitamos introducirnos en la Palabra de Dios. No se trata de leer simplemente algunos versículos favoritos, sino de leer la Palabra de Dios en su totalidad. Esta es, amigo mío, la única manera en que vamos a conocerla. Este es el método de Dios.

Voy a leer a continuación un poema en el que el escritor Amos R. Wells, trata de expresar esta misma idea, en forma sencilla y elocuente.

Cuando leas la Biblia desde el principio hasta el final.

Suponía que conocía mi Biblia,
Leyendo poco a poco, acertando o errando,
Ahora un poco de Juan o de Mateo,
Ahora un trocito de Génesis,
Algunos capítulos de Isaías,
Ciertos Salmos (el veintitrés),
El doce de Romanos, el primero de Proverbios—
Sí, pensaba que conocía la Palabra!
Pero descubrí que una lectura minuciosa (cuidadosa)
Era una experiencia diferente.
Y la manera de hacerlo, desconocida,
Cuando leí la Biblia desde el principio hasta el final.
A ti, que te gusta jugar con la Biblia,
Mojarte y salpicarte por aquí y por allá,
Justo antes de arrodillarte, cansado,
Y pronunciar bostezando una oración apresurada,
Tu, que tratas a la Corona de los Escritos
Como no tratarías a ningún otro libro—
Solo un párrafo inconexo,
Solo una mirada vulgar e impaciente—
Intenta un procedimiento más digno,
Prueba una actitud amplia y constante
Caerás de rodillas en un verdadero éxtasis
Cuando leas la Biblia desde el principio hasta el final.

Ahora, la tercera norma es...

Hace algunos años, alguien le preguntó al Dr. Morgan (expositor Bíblico), "¡Ud. habla como si estuviese inspirado!" El Dr. Morgan respondió; "La inspiración consiste en un 95 por ciento de transpiración". La Biblia tiene que ser estudiada. Necesitamos darnos cuenta de que el Espíritu de Dios no nos enseñará algo que podríamos obtener por nosotros mismos a través del estudio. Yo solía enseñar la Biblia en un Instituto Bíblico y las clases estaban formadas por jóvenes muy diversos. Entre ellos había algunos muy devotos y, después de un tiempo llegué a entenderles muy bien. Reconozco que, en un principio no les comprendí. Descubrí que su fachada de piedad encubría una tremenda ignorancia y un gran vacío en relación con la Palabra de Dios. Algunos ni siquiera estudiaban en la noche anterior a un examen. Siempre ponían la excusa de que habían estado ocupados en una reunión de oración o en un servicio religioso. Yo tenía la sensación de que algunos creían que podían colocar sus Biblias bajo sus almohadas durante la noche y que, mientras dormían, ¡los nombres de los reyes de Israel y Judá se transmitirían a sus mentes automáticamente a través de aquellas almohadas! Créeme, no es así como se transmite el conocimiento. Debemos dedicarnos con ahínco y en serio al estudio de la Palabra de Dios. Cuando yo estudiaba en la Universidad, un compañero de una clase de Biblia le dijo al profesor: "Ud. nos ha asignado una sección que es muy aburrida". Sin perder el tiempo, el profesor le contestó: "Entonces, humedécela un poco con el sudor de tu frente". Por ello insisto en que es importante darnos cuenta de que la Biblia sea estudiada. Hay ciertos conocimientos que el Espíritu de Dios no te va a dar. Yo no creo que El revele la verdad a los perezosos. Después de todo, tú nunca aprenderías logaritmos, geometría o griego, leyendo simplemente un capítulo sobre estos temas justo antes de acostarte por la noche.

Puede ser que te asombres cuando digo que yo no animo a nadie para que realice una lectura devocional de la Biblia. Después de algunos años he llegado a la conclusión de que muchas personas que son muy constantes en lo que llaman una lectura devocional, son muy ignorantes en cuanto a la Biblia. En cierta ocasión, cuando me encontraba celebrando unas conferencias en la zona central del estado norteamericano de Tennessee, me hospedé en la casa de una familia. Cada mañana, al reunirnos en la mesa para el desayuno, teníamos un momento devocional. Desafortunadamente, el desayuno siempre tenía lugar un poco tarde y los dos niños tenían que darse prisa para salir hacia la escuela. Estoy seguro de que ni siquiera se enteraban de lo que se leía. El padre estaba ansioso por salir para su trabajo y generalmente hacía la lectura Bíblica muy breve. Solía decir, "Bueno, esta mañana leeré este pasaje conocido porque no tenemos mucho tiempo". Realmente, no lo teníamos. Cuando la lectura apenas había finalizado, los niños se levantaban y salían como disparados por una pistola. Y el padre también salía casi tan rápidamente. Le quedaba a la madre el trabajo de recoger la mesa y la limpieza, y yo me pregunto si siquiera había escuchado lo que se había leído. Inmediatamente tomé la decisión de que en mi hogar nunca realizaríamos una lectura devocional. Siempre he animado a los miembros de mi familia para que lean la Biblia por sí mismos. Porque ésta es la lectura que resulta provechosa.

Alguien podría decir. "Pero yo tengo mis momentos devocionales por la noche, después de que el día ha terminado". Al hablar así, ¿no es cierto que los tengas justamente antes de acostarte? Ya tienes un pie en la cama, un ojo casi cerrado y te pones a buscar un pasaje de la Biblia para leerlo. Amigo mío, seguro que no podrías aprender matemáticas ni literatura de esa manera. Tampoco puedes aprender así de la Biblia. Tienes que estudiar la palabra de Dios. Debes leerla cuando puedas dedicarle tiempo. Y si no puedes encontrar tiempo, debes crear ese tiempo. Puedes separar 30 minutos o 1 hora. O, si haces las cosas de cualquier manera (a la buena de Dios), como yo, lee por 30 minutos un día, quizás por solo 5 minutos el día siguiente y por 2 o 3 horas el siguiente, como quiera que se adapte a tu programa diario. En mi caso, no pongo por escrito ninguna regla al respecto, excepto la norma de que cada uno debe leer por sí mismo. Y los niños también, debieran ser estimulados a leer la Biblia por sí mismos. Algunos piensan que deberían leer lecturas devocionales en conjunto, toda la familia. Eso está bien, si el Señor os guía a hacerlo así. Pero os garantizo que, después de unos años de hacerlo, no seréis estudiantes inteligentes de la Biblia. Porque también necesitáis estudiar la Palabra de Dios por vosotros mismos, por vuestra cuanta, a solas.

Se dijo de Juan Wesley que fue un hombre de un Libro. ¿Qué le hizo llegar a ser el hombre de un Libro? Bueno, él se levantaba cada día a leer la Biblia a las 4 o 5 de la mañana, y la leía en 4 o 5 diferentes idiomas. Realmente estudiaba la Palabra de Dios. Tú y yo necesitamos estudiar la Palabra; necesitamos comprender y asimilar el significado de la Biblia. Esto me lleva a la cuarta norma.

4. Medita en la Biblia

La meditación fue objeto de la enseñanza de Dios a Su pueblo. La Palabra de Dios tenía que estar presente en todo momento ante los Israelitas, para que pudiesen meditar en ella. Moisés, el legislador, nos detalla en el libro del Deuteronomio 6:6-9 las instrucciones precisas que Dios había dispuesto en relación con Su Palabra:

"Y estas palabras que yo te mando hoy, estarán sobre tu corazón; y las repetirás a tus hijos, y hablarás de ellas estando en tu casa, y andando por el camino, y al acostarte, y cuando te levantes. Y las atarás como una señal en tu mano, y estarán como frontales entre tus ojos: y las escribirás en los postes de tu casa, y en tus puertas" (Dt. 6:6-9).

Esta es una declaración sorprendente, considerando que viene directamente del mismo Señor. Él les dijo que escribiesen la Palabra de Dios sobre las jambas de las puertas, que eran las dos piezas labradas que, puestas verticalmente en los dos lados de las puertas o ventanas, sostenían el dintel de ellas. O sea que, dondequiera que se volvían, era como si estuvieran mirando a unas vallas publicitarias. Considerando esta situación en el contexto actual, me recuerda que no podemos recorrer nuestras calles o autopistas en uno u otro sentido sin ver anuncios publicitarios de una gran variedad de productos. ¡Vaya abundancia de carteles! Podemos pensar que semejante despliegue publicitario, al estar a la vista de la gente constantemente, ejerce una influencia considerable sobre el consumo de tales productos. El Señor conoce la naturaleza humana. Nos conoce. Y Él le dijo a Su pueblo que colocase Su Palabra donde ellos pudiesen verla. Además de estar en aquellas jambas, en sus puertas, la llevaban en sus ropas. Y debían hablar sobre ella al andar por los caminos. Igualmente debía ser un tema de conversación cuando se sentaban a reposar y antes de disponerse a descansar en sus lechos. Está claro que Dios le pidió a aquel pueblo que meditase en Su Palabra.

Ahora, ¿qué significa realmente meditar en la Palabra de Dios? En el primero de los Salmos se encuentra una interesante afirmación.

"Bienaventurado el varón que no anduvo en consejo de malos, ni anduvo en camino de pecadores, ni en silla de escarnecedores se ha sentado. Sino que en la ley de Jehová está su delicia, y en su ley medita de día y de noche". (Salmo 1:1,2).

Meditar es como rumiar. Es traer algo a la mente y considerarlo una y otra vez. Rumiar es lo que hace la vaca cuando está masticando su comida. La vaca vieja sale por la mañana y, mientras la hierba está aún fresca por el rocío, se pone a pastar. Más tarde, cuando el sol se eleva y ya hace calor, se recuesta bajo un árbol o permanece en pie al abrigo de una sombra. La ves masticar y te preguntarás qué estará masticando. Y continuará masticando por 1 0 2 horas. Bien, es como si ella estuviera meditando. Es que parece que la vaca tiene un estómago complejo. Está transfiriendo nuevamente a su boca la hierba que engulló por la mañana, trasladándola de un compartimento a otro del estómago y en ese proceso la mastica bien una y otra vez. Sería bueno que tú y yo aprendiéramos a hacer lo mismo en nuestros procesos mentales. Debemos recibir la Palabra de Dios, leerla, tenerla expuesta donde podamos contemplarla, pensando y meditando en ella.

Muchas veces al preparar un mensaje escojo un versículo de las Escritura y paso horas no haciendo otra cosa que leerlo varias veces. Es como si estuviera masticando lo que otros han dicho sobre él. Al final de ese proceso surgen nuevas enseñanzas de ese pasaje Bíblico. Recuerdo que el 'Dr. Ironside, expositor Bíblico, decía que había escuchado una conferencia sobre el Cantar de los Cantares, libro poético de la Biblia, y que dicha conferencia le había dejado insatisfecho. Entonces fue y leyó el Cantar de los Cantares otra vez, se puso de rodillas y le pidió a Dios que le permitiese comprender ese poema. Lo hizo repetidas veces. En realidad lo hizo durante semanas y meses. Finalmente, surgió para él como una nueva luz de ese libro. Cuando yo enseño el Cantar de los Cantares, generalmente asumo la interpretación de este maestro, por 2 razones: la primera, es que satisface mi propia mente y corazón más que cualquier otra interpretación que haya escuchado, y la segunda, porque sé que el maestro que expuso esa interpretación ha pasado mucho tiempo meditando en ella.

Hay oyentes que nos escriben diciendo que la esposa escucha nuestro estudio Bíblico en casa, y el esposo en su trabajo. Luego, cuando están sentados a la mesa cenando, comentan la Escritura tratada en el episodio. Esto es meditar, o sea, volver una y otra vez a una Escritura concreta. Incluso cuando vas solo en el coche es un buen momento para pensar en un pasaje Bíblico determinado.

¿Cuántos de vosotros, después de haber tenido unos momentos devocionales, meditáis en cierto pasaje Bíblico durante el día? La mayoría de las personas lo leen y luego lo olvidan, no pensando en él otra vez hasta que, por algún motivo, les vuelva a llamar la atención. O si lo han leído por la noche, se meten en cama tan pronto como pueden, apagan la luz y se disponen a dormir, relegándolo al olvido. La meditación es casi un arte perdido en nuestra sociedad contemporánea. Sinceramente, en muchos hogares la televisión hace desaparecer totalmente la posibilidad de meditar. Esta situación está cambiando actualmente la vida espiritual de muchas familias. Una de las razones por las que muchas iglesias se están enfriando y haciéndose más indiferentes a la Palabra de Dios es sencillamente porque hay una falta de meditación sobre esa Palabra.

Recordemos que en el libro de los Hechos de los Apóstoles, capítulo 8, se nos relata el incidente en el que el eunuco Etíope estaba viajando en su carruaje leyendo al profeta Isaías. En realidad, estaba estudiando el libro de Isaías, porque estaba leyendo un pasaje en el cual estaba teniendo problemas, pues no sabía qué significaba. Aquí tenemos a un hombre que estaba leyendo, estudiando, y a quién el Espíritu de Dios iba a abrir la Palabra de Dios. Por ese motivo el Espíritu Santo había llevado a Felipe a aquel lugar para explicarle ese capítulo al etíope. A este hombre se le abrió un nuevo mundo, al conocer a Cristo de una manera personal. El relato dice que luego, continuó su viaje con gran alegría. Y, ¿qué fue lo que le hizo sentir esa alegría? Pues, que había estado meditando. Había estado pensando en aquel capítulo 53 de Isaías, que describe de una manera profética la figura de Cristo como un cordero que iba a ser sacrificado, para dar a todos la oportunidad de ser salvos.

¿Has meditado alguna vez en aquel Cordero que fue llevado, como una oveja, al matadero? ¿Quién era El? El descendió a la tierra y se identificó con nosotros, que como ovejas nos habíamos extraviado y cada una se había vuelto por su propio camino. Y Dios puso sobre Él la maldad de todos nosotros. ¿Con que frecuencia meditas en estas cosas? Lo que está claro, es que el etíope lo hizo. Su vida después de este incidente es un tema de especulación. La tradición dice que regresó a su país y fundó la iglesia Copta de Etiopía. Bien podría haber ocurrido así; no lo sabemos. Sin embargo, lo que sí nos resulta interesante saber es que prosiguió feliz su largo viaje, lo cual nos da a entender que continuaba meditando en la Palabra de Dios y que esa palabra estaba obrando eficazmente en él.

La próxima norma, la quinta, es:

5. Lee lo que otros han escrito sobre la Biblia.

Sé que esta regla puede resultar peligrosa, porque muchos dependen de lo que alguien ha dicho con respecto a cierto tema. También es cierto que hay numerosos libros que circulan hoy en día que presentan enseñanzas equivocadas sobre la Palabra de Dios. Necesitamos someter a prueba todo lo que está escrito con la Biblia misma.

Sin embargo, tú y yo deberíamos consultar buenos libros. Con cada bosquejo de los libros de la Biblia que presentamos en este curso, incluyo una lista de libros recomendables que he leído y que me han resultado de utilidad. Tú podrás comprobar que es muy provechoso leer lo que otros han escrito. Siempre que leas libros escritos por autores que en su estudio han sido guiados por el Espíritu de Dios, en realidad te estás beneficiando de toda la dulzura, fragancia y estudio de siglos. Tú y yo tenemos que obtener provecho de ello. Porque se han escrito algunas obras excelentes y profundas sobre los libros de la Biblia.

Además de libros y comentarios sobre la Biblia, resulta inestimable consultar una concordancia, que nos ayuda a localizar versículos a partir de sus palabras claves. También resulta útil recurrir a un buen diccionario Bíblico.

Todos los maestros y predicadores del evangelio tienen un conjunto de libros que necesitan consultar. Quizás alguien se pregunte si hay que reproducir palabra por palabra lo que otro haya escrito. Yo diría que no, a menos que se le otorgue al autor el crédito debido, citándolo expresamente. Eso sí. Tenemos el derecho de utilizar lo que otros hayan escrito.

El profesor de un seminario resolvió, a su manera, el problema. Cuando alguien le preguntó si él citaría a otros escritores respondió; "Tú tienes que pacer en los pastos de todos, pero producir y dar tu propia leche". Esto significa que debes leer lo que otros han escrito. Pero luego tienes que colocarlo en tus propios patrones mentales y expresarlo a tu manera, con tus propias palabras. Tienes todo el derecho a hacerlo. Lo importante es que aprovechemos el estudio que otros han efectuado de la Palabra de Dios. Pasemos pues a la sexta norma, que es:

La obediencia es esencial para el estudio y la comprensión de la Biblia. Y Abraham, el antiguo patriarca, es un ejemplo de ello. Dios se le apareció cuando le llamó en la ciudad de Ur de los Caldeos y otra vez cuando ya estaba en la tierra prometida. Pero, cuando vino el hambre, Abraham huyó a Egipto. Y, durante ese tiempo, Dios no le habló. Hasta que Abraham no estuvo de regreso en aquella tierra prometida, Dios no se le volvió a aparecer. ¿Por qué? Por su falta de obediencia. Hasta que Abraham no mostró obediencia en cuanto a lo que Dios ya le había revelado, Dios no estuvo dispuesto a revelarle ninguna nueva verdad. Así sucede con nosotros. Cuando obedecemos, Dios nos revela cosas nuevas. Incluso el evangelio que se nos presenta para salvar nuestras almas, es predicado con el muy definido objetivo de ser obedecido. El documento más importante que jamás ha sido escrito sobre el evangelio es la Epístola a los Romanos. Y su autor, el apóstol Pablo, incluyó en el evangelio el asunto de la obediencia, con el cual comienza su carta. Dice este escritor, hablando del Hijo de Dios:

"Por quien recibimos la gracia y el apostolado, para la obediencia a la fe en todas las naciones por amor de su nombre". (Romanos 1:5).

Y otra vez, al final de la carta a los Romanos, Pablo recurre nuevamente a este tema;

"Pero que ha sido manifestado ahora, y que por las Escrituras de los profetas, según el mandamiento del Dios eterno, se ha dado a conocer a todas las gentes para que obedezcan a la fe". (Romanos 16:26).

"Para que obedezcan a la fe" es el tema inicial y el final que resalta Pablo en esta epístola. Pero ¿qué hay en la parte central, en el medio de esta carta? El autor nos expone qué es el evangelio, en esa gran sección doctrinal; luego concluye, en la parte final, con una sección que trata sobre deberes y responsabilidades o sea, lo que tenemos que hacer. Pablo incluye así el tema de la obediencia como un tema esencial del evangelio.

La frase "Obediencia a la fe", de la última cita Bíblica del apóstol, nos hace pensar que aquí es donde se equivocaron Adán y Eva. Eva no solamente escuchó a Satanás, el enemigo de Dios, sino que también desobedeció a Dios.

La obediencia a Dios es muy importante. Y debemos reconocer que Dios no nos continuará revelando la verdad si somos desobedientes. Tenemos que obedecer a la Biblia si hemos de beneficiarnos de su lectura.

La obediencia es también importante porque hay personas que evalúan al Cristianismo por lo que ven en ti y en mí, es decir, en base a nuestro comportamiento. Un escritor ha dicho acertadamente: "la mejor manera de defender el Evangelio es vivir una vida digna del Evangelio". Esta es la forma de probar que es la Palabra de Dios.

Cuatro líderes religiosos estaban hablando sobre los méritos de diversas traducciones de la Biblia. Al primero de ellos le gustaba una versión por su sencillez y por la belleza clásica del idioma. El segundo prefería otra versión porque era más literal y cercana a los textos originales en hebreo y en griego. Al tercero le agradaba una versión más moderna por su vocabulario actual. Como el cuarto líder permanecía en silencio, los demás le preguntaron su opinión. Entonces respondió: "A mí, la que más me agrada es la traducción de mi madre. Ella la tradujo a la vida misma, y es la traducción más convincente que jamás he podido ver".

Quizás alguien recuerde lo que el apóstol Pablo escribió en su segunda carta a los creyentes de Corinto:

"Nuestras cartas sois vosotros, escritas en nuestros corazones, conocidas y leídas por todos los hombres; siendo manifiesto que sois carta de Cristo expedida por nosotros, escrita no con tinta sino con el Espíritu del Dios vivo; no en tablas de piedra, sino en tablas de carne del corazón". (2 Corintios 3:2,3)

Por otra parte, un poeta desconocido lo expresó de esta manera:

El Evangelio se escribe un capítulo al día

Por acciones que realizas y palabras que pronuncias.

Las personas leen lo que dices, sea falso o verdadero.

Dime, ¿qué es el Evangelio para ti?

Dicho sea de paso, lo que dice esta breve canción es cierto.

¡Qué importante es obedecer a la Biblia! Creo que en la actualidad el Cristianismo ha resultado más perjudicado por miembros de iglesias que por cualquier otro grupo de personas. Esta es una de las razones por las que existe una cierta rebelión, principalmente fuera del Cristianismo. Es una reacción en contra del sistema y del orden establecido, que incluye a la iglesia. En una marcha de protesta pude observar en una ocasión una pancarta en la que se podía leer: "Iglesia No, Jesús Sí".

Francamente, por la clase de vida que llevan, muchísimas personas que profesan ser cristianas o que dicen pertenecer a alguna iglesia, mucha gente se está apartando del cristianismo. Hace algunos años, en Inglaterra, se le preguntó a un abogado por qué no se había convertido en un cristiano. Respondió: "Yo también podría haber sido cristiano, si no hubiese conocido a tantos que decían que eran cristianos". ¡Qué funesto! Necesitamos examinar nuestras propias vidas con respecto a esta realidad. ¡Qué importante es la obediencia a la Palabra de Dios!

Esto nos lleva a considerar nuestra séptima y última norma, que es;

No solo se trata de comenzar el estudio de la Biblia en oración, de leer la Biblia, de estudiarla, de meditar en ella, de leer lo que otros han escrito sobre ella y de obedecerla, sino también de transmitirla a otros. Es lo que todos debiéramos hacer. Ahora bien, tú puedes llegar a un punto de saturación en el estudio de la Palabra, a menos que la compartas con otros. Por alguna razón Dios no permitirá que te apartes de la humanidad y te conviertas en una especie de enciclopedia Bíblica ambulante, sabiéndolo todo, mientras todos nosotros permanecemos en la ignorancia. Por eso dice Él, por medio del autor de la epístola a los hebreos:

"No dejando de congregarnos, como algunos tienen por costumbre, sino exhortándonos; y tanto más, cuando veis que aquel día se acerca". (Hebreos 10:25).

Dios nos ha dicho que tenemos que ser testigos. Lo dijo literalmente así: *"Seréis testigos".* No nos pidió que fuésemos eruditos, especialistas, enciclopedias ambulantes, o memorizando los libros. No ocultes la verdad de Dios en un cuaderno. Alguien ha afirmado que la educación es un proceso mediante el cual la información de las notas del profesor se transfiere al cuaderno del alumno, sin pasar por la mente de ninguno de ellos. Bueno, hay mucha enseñanza Bíblica que se transmite de esa manera. No se practica, no es compartida. En la hora actual, nosotros hemos sido llamados a ser testigos. Por lo tanto, debemos comunicar esa Palabra de Dios a otros.

Cuando estaba estudiando en el Seminario, aprendí esta lección. Igual que 5 compañeros míos yo era, al mismo tiempo, pastor de una pequeña iglesia. Con el tiempo, al graduarnos, descubrimos que estábamos, por lo menos, un año por delante de los demás miembros de la clase. ¿Por qué? ¿Porque éramos más inteligentes? No. Sino porque nosotros habíamos estado comunicando a la gente la Palabra de Dios. De esta manera, Dios había podido canalizar hacia dentro de nosotros mismos más de lo que hubiera podido hacer de otra manera.

Amigo mío, transmítela, comunícala a otros.

A modo de resumen final, pues, enumero las 7 normas o indicaciones prácticas que hemos considerado en esta parte de nuestro estudio:

1. Comienza con oración

2. Lee la Biblia

3. Estudia la Biblia

4. Medita en la Biblia

5. Lee lo que otros han escrito sobre la Biblia

6. Obedece la Biblia

7. Comunícala a otros

En nuestro próximo encuentro, comenzaremos a estudiar el primer libro de la Biblia, El Génesis.

Don't miss out!

Visit the website below and you can sign up to receive emails whenever Sermones Bíblicos publishes a new book. There's no charge and no obligation.

https://books2read.com/r/B-A-ALQN-OLHCF

BOOKS 2 READ

Connecting independent readers to independent writers.

Did you love *Clase Bíblica para Jóvenes y Adultos: Guía de Principiantes: Introducción a la Biblia*? Then you should read *Clase Bíblica para Jóvenes y Adultos: Guía de principiantes: Génesis*[1] by Sermones Bíblicos!

[2]

Esta hermosa serie de estudios bíblicos es una luz guía en nuestra vida espiritual, iluminando el camino hacia una comprensión más profunda de nuestra identidad y la oportunidad de vivir una nueva existencia en armonía con Dios. Al adentrarnos en la sabiduría eterna de Génesis, nos equipamos con los recursos necesarios para enfrentar los desafíos de la vida con fe y un optimismo inquebrantable. Que cada descubrimiento en estas lecciones encienda un sentido de propósito en nosotros y nos impulse a extender un amor genuino a quienes nos rodean, transformando nuestras vidas en un testimonio de la grandeza de su presencia.*Nunca es tarde para iniciar una nueva vida.*

---

1. https://books2read.com/u/47BgOg

2. https://books2read.com/u/47BgOg

Also by Sermones Bíblicos

CLASE BÍBLICA DESDE CERO

Clase Bíblica para Jóvenes y Adultos: Guía de Principiantes: El Pentateuco

Clase Bíblica Dominical Para Jóvenes y Adultos

Clase Bíblica para Jóvenes y Adultos: Guía de principiantes: Génesis

Clase Bíblica para Jóvenes y Adultos: Guía de Principiantes: Éxodo

Clase Bíblica para Jóvenes y Adultos: Guía de Principiantes: Levítico

Clase Bíblica para Jóvenes y Adultos: Guía de principiantes: Números

Clase Bíblica para Jóvenes y Adultos: Guía de Principiantes: Deuteronomio

Clase Bíblica para Jóvenes y Adultos: Guía de Principiantes: Introducción a la Biblia

Enseñanzas de la Sana Doctrina Cristiana

Enseñanzas de la Sana Doctrina Cristiana: Saliendo de Egipto a Canaán 2007

Enseñanzas de la Sana Doctrina Cristiana: Saliendo de Egipto a Canaán 2008

Analizando la Enseñanza en 2 Samuel: El Liderazgo del Rey David

Enseñanzas de la Sana Doctrina Cristiana: Tesoros Bíblicos
Enseñanzas de la Sana Doctrina Cristiana: El Progreso del Peregrino
Enseñanzas de la Sana Doctrina Cristiana: El Progreso de la Peregrina

Estudiando El Tabernáculo de la Biblia
El Tabernáculo: Descripción de sus Componentes
Principios Bíblicos para una Iglesia: Ilustrados por El Tabernáculo
El Tabernáculo: En el Desierto y las Ofrendas
El Tabernáculo: Las Ofrendas Levíticas, el Sacrificio de Expiación
El Tabernáculo: Un santuario Terrenal
Analizando la Enseñanza del Trabajo en el Libro Profético de Jeremías y
Lamentaciones

**Estudio Bíblico Cristiano Sobrevolando la Biblia con Enseñanzas
de la Sana Doctrina**
Estudio Bíblico: Génesis 1. La Creación en Seis Días
Estudio Bíblico: Génesis 2. Estatutos de la Creación
Estudio Bíblico: Génesis 3. La Caída del Hombre
El Tabernáculo: En el Nuevo Testamento
Estudio Bíblico: Génesis 4. Aconteció Andando el Tiempo; Presente,
Tributo, Oblación
Estudio Bíblico: Génesis 5. El Mensaje que Dios tiene para Nosotros en
esta Genealogía
La Historia de Noé: Su Entorno, Su Experiencia, El Mandato y El Pacto
Estudio Bíblico: Sana Doctrina Cristiana: Introducción a la Biblia

Juan Bunyan Collection

Enseñanzas de la Sana Doctrina Cristiana: El Progreso del Peregrino y la peregrina

La Enseñanza del Trabajo en la Biblia

Analizando la Enseñanza del Trabajo en Éxodo: De la Esclavitud a la Liberación

Analizando la Enseñanza del Trabajo en Levítico: Alcanzar el Espíritu de la Ley en el Trabajo

Analizando la Enseñanza del Trabajo en Números: La Experiencia de Israel en el Desierto para Nuestros Desafíos Actuales

Analizando la Enseñanza del Trabajo en Deuteronomio: Una Perspectiva para la Vida Laboral Actual

Analizando la Enseñanza del Trabajo en Josué y Jueces: ¡La Motivación para el Trabajo Arduo!

Analizando la Enseñanza del Trabajo en Rut: Un Referencial para el Autocrecimiento y Superación

Analizando la Enseñanza del Trabajo en Samuel, Reyes y Crónicas: Un Estudio de Liderazgo en la Antigüedad

Analizando la Enseñanza del Trabajo en Esdras, Nehemías y Ester: Una Mirada al Pasado para Orientar nuestras Futuras Labores

Analizando la Enseñanza del Trabajo en Job: Ejemplo Espiritual y Profesional para la Vida Laboral

Analizando la Enseñanza del Trabajo en Salmos: Ética, Obras y Palabras

Analizando la Enseñanza del Trabajo en Proverbios

Analizando la Enseñanza del Trabajo en Eclesiastés: "El Trabajo Duro Bajo el Sol", Las Lecciones de Eclesiastés

Analizando la Enseñanza del Trabajo en Cantar de los Cantares

Analizando la Enseñanza del Trabajo en los 12 Profetas de la Biblia

Analizando la Enseñanza del Trabajo en el Libro Profético de Isaías

Analizando la Enseñanza del Trabajo en el Libro Profético de Ezequiel

Analizando la Enseñanza del Trabajo en el Libro Profético de Daniel

Analizando la Enseñanza del Trabajo en los Libros Proféticos de Oseas, Amós, Abdías, Joel y Miqueas

Analizando la Enseñanza del Trabajo en los Libros Proféticos de Nahúm, Habacuc y Sofonías

Analizando la Enseñanza del Trabajo en los Libros Proféticos de Hageo, Zacarías y Malaquías

Analizando la Enseñanza del Trabajo en el Evangelio de Mateo

Analizando la Enseñanza del Trabajo en el Evangelio de Marcos

Analizando la Enseñanza del Trabajo en el Evangelio de Lucas

Analizando la Enseñanza del Trabajo en el Evangelio de Juan

Analizando la Enseñanza del Trabajo en la Carta a los Romanos

Analizando la Enseñanza del Trabajo en la Carta a los Corintios

Analizando la Enseñanza del Trabajo en la Carta a los Colosenses y Filemón

Analizando la Enseñanza del Trabajo en las Cartas Pastorales: Timoteo y Tito

Analizando la Enseñanza del Trabajo en Génesis: El Proposito de la Vida en la Tierra

Analizando la Enseñanza del Trabajo en El Pentateuco

Analizando la Enseñanza del Trabajo en los Libros Históticos: Aplicando la Biblia al Trabajo Práctico

Analizando la Enseñanza del Trabajo en El Pentateuco y Libros Históricos

Analizando la Enseñanza de la Labor: La Guía de Dios para el Trabajo

Analizando la Enseñanza del Trabajo en los Libros Poéticos

Analizando la Enseñanza del Trabajo en los Libros Proféticos de la Biblia

Analizando la Enseñanza del Trabajo en el Antiguo Testamento

Analizando la Enseñanza del Trabajo en el Antiguo Testamento Base Bíblica de la Educación del Trabajo

Analizando la Enseñanza del Trabajo en el Nuevo Testamento

Analizando la Enseñanza del Trabajo en las Cartas Generales y el Apocalipsis

Analizando la Enseñanza del Trabajo en las Cartas Paulinas

Analizando la Enseñanza del Trabajo en los Hechos de los Apóstoles

Analizando la Enseñanza del Trabajo en los Evangelios del Nuevo Testamento

Analizando la Enseñanza del Trabajo en los Libros Históricos del Nuevo Testamento

La Enseñanza en la Clase Bíblica

Lecciones Para Escuela Dominical: 182 Historias Bíblicas

Guía de Clase Bíblica para Principiantes: 50 Bellas Lecciones

Lecciones Para Escuela Dominical: 62 Personajes Bíblicos

Como Enseñar en la Escuela Dominical: Guía para Maestros de Clase Bíblica

Estudiando la Enseñanza en la Clase Bíblica: Guía para Maestros

Los Cuatro Evangelios de la Biblia

Analizando Notas en el Libro de Marcos: Encontrando Paz en Tiempos Difíciles

Analizando Notas en el Libro de Lucas: El Amor Divino de Jesús Revelado

Analizando Notas en el Libro de Juan: La Contribución de Juan a las Escrituras del Nuevo Testamento

Los Cuatro Evangelios de la Biblia

Analizando Notas en el Libro de Mateo: Cumplimientos de las Profecías del Antiguo Testamento

Notas en el Nuevo Testamento
Analizando Notas en el Libro de los Hechos: Un Viaje de Continuación
en la Obra de Jesús

Profecías Bíblicas
Perfíl Profético: La Última Semana
Claras Palabras Proféticas: La Profecía Hecha Historia
Perspectiva de la Profecía: El Próximo Gran Acontecimiento
Desarrollo Profético de Dios: Las Señales de los Tiempos
Profecía Cronológica: Las Cosas que Sucederán en la Tierra
Seis Días Proféticos en la Biblia

Sermones de C. H. Spurgeon
La Procesión del Dolor

Sobrevolando la Biblia
Símbolos en la Biblia: Sana Doctrina Cristiana

Standalone
Cristo en Toda la Biblia: Estudio Bíblico
Notas en los Cuatro Evangelios: Comentario Bíblico
Analizando Lo que Está por Suceder: Las Profecías de Dios
Himnos del Evangelio
El Tabernáculo en la Biblia: Como Enseñar el Tabernáculo

About the Author

Esta serie de estudios bíblicos es perfecta para cristianos de cualquier nivel, desde niños hasta jóvenes y adultos. *Ofrece una forma atractiva e interactiva de aprender la Biblia,* con actividades y temas de debate que le ayudarán a profundizar en las Escrituras y a fortalecer su fe. Tanto si eres un principiante como un cristiano experimentado, esta serie te ayudará a crecer en tu conocimiento de la Biblia y a fortalecer tu relación con Dios. Dirigido por hermanos con testimonios ejemplares y amplio conocimiento de las escrituras, *que se congregan en el nombre del Señor Jesucristo Cristo en todo el mundo.*

www.ingramcontent.com/pod-product-compliance
Lightning Source LLC
Chambersburg PA
CBHW061300140726
47998CB00006B/2310